KU-318-944

# Incroyable Nature!

EDITIONS PLAY BAC / GEO JEUNESSE

***La vesse-de-loup,***
**un champignon cheminée.**

*La fumée que ce petit champignon
de nos campagnes laisse échapper
de son chapeau ne vient pas
d'un feu de bois ! C'est un jet de
spores, des cellules microscopiques,
que la vesse-de-loup expulse
quand elle parvient à maturation.
Ces milliards de cellules
reproductrices seront dispersées
par le vent puis germeront dans
le sol pour donner naissance
à des milliers de champignons.*

Incroyable Nature ! Aurons-nous jamais fini de découvrir ses mille et
un visages ? La beauté d'une forêt en automne nous apaise, la splendeur
d'un champ de blé nous émeut ; mais l'implacable violence d'un cyclone
ou la puissance meurtrière d'un volcan nous renvoie à notre impuissance.
Oui, la nature est incroyable, à la fois sublime et terrible, maîtrisée et toute-
puissante.

Croyons-nous l'avoir domestiquée ? Voici des avalanches de lave,
des orages de glace et des pluies d'éclairs. Pensons-nous nous baigner
en apercevant une étendue paisible ? Méfiance ! Il s'agit peut-être
d'un bain d'acide meurtrier ou d'une rivière si chaude qu'elle fait fondre
les rochers... à moins que des geysers ne menacent de nous projeter
à 100 mètres de hauteur !

Proche de nous ou tapi dans des contrées quasiment inaccessibles, le grand
spectacle de la nature nous est ici révélé grâce à des photos incroyables et
jamais truquées.

Ce livre nous offre une occasion unique de faire un voyage stupéfiant,
où les blocs de pierre ressemblent à des équilibristes, les plantes à
des cervelles, et les cratères à des chaudrons de sorcière !

Voici une occasion rêvée de découvrir un monde merveilleux, drôle
ou fascinant. Le nôtre, tout simplement.

# Le rafflesia
## a les plus grosses fleurs du monde.

Les fleurs de cette plante, appelée aussi rafflésie, sont gigantesques : elles peuvent mesurer près d'un mètre de diamètre (la largeur d'une porte) et peser jusqu'à 7 kg. Celui qui s'approcherait trop près d'elles s'en souviendrait longtemps : pour attirer les insectes, elles dégagent une odeur de viande pourrie ! Le rafflesia n'a ni tige ni feuille et vit en parasite aux dépens d'autres végétaux de la forêt tropicale, en Asie (Malaisie et Indonésie).

Malaisie, Asie

# La dionée,
## un prédateur aussi féroce qu'un lion !

Cette plante carnivore possède des feuilles redoutables, garnies de longues épines pointues. Lorsqu'un insecte, attiré par la dionée, s'y pose, il frôle des petits poils, provoquant ainsi la fermeture automatique des feuilles sur lui. Une fois l'insecte digéré, les feuilles s'ouvrent et le piège est de nouveau prêt à fonctionner. La dionée, surnommée l'attrape-mouche, vit dans des marécages d'Amérique et peut atteindre 30 cm de haut.

États-Unis, Amérique du Nord

# Le baobab,
## maître
## de la savane.

Poussant dans une vaste étendue plutôt sèche et désertique, le baobab peut atteindre une hauteur de 30 mètres. Le tronc du jeune baobab ressemble à un cylindre assez fin mais en vieillissant, il grossit considérablement pouvant mesurer jusqu'à 12 mètres de diamètre. Telle l'éponge, il se gorge d'eau en prévision des longues périodes de sécheresse. Le baobab vit plusieurs centaines d'années. On le trouve en Afrique, à Madagascar et en Australie.

Madagascar, Afrique

Les rochers
de la **Green
River Gorge**
ont l'air de flotter
sur l'eau.

Il ne faut pas s'y tromper,
ce n'est pas une grande île,
mais un bout de roche érodé que
la rivière a peu à peu contourné.
Pendant des millions d'années,
la Green River et ses affluents,
dans l'Utah, aux États-Unis,
ont entaillé profondément
les couches de grès de cette zone
désertique où il ne pleut presque
pas. Ils ont créé des méandres
tellement spectaculaires qu'ils
forment presque des ronds.

États-Unis, Amérique du Nord

# L'aurore boréale,

## une écharpe de lumière dans le ciel.

Ce long ruban lumineux n'est pas
la fumée d'une soucoupe volante !
C'est un ensemble de particules
qui, en entrant dans la partie
la plus haute de l'atmosphère,
provoquent des rayons de couleurs
qui serpentent dans le ciel étoilé.
Ces particules, projetées
par le soleil à des vitesses
considérables, sont attirées
par le champ magnétique de
la Terre vers les pôles Nord et Sud
de la planète. Au pôle Sud, on les
appelle des aurores australes.

États-Unis, Amérique du Nord

**En Australie, des centaines de roches pointues se dressent dans le désert.**

Ce paysage étrange est constitué de milliers de roches calcaires, les Pinnacles, atteignant parfois 3,5 mètres de hauteur au milieu d'une étendue jaune de sables mouvants. Il y a des milliers d'années, la mer a apporté des coquillages qui ont, peu à peu, formé des dunes de sable. La pluie a ensuite transformé certaines parties de ces dunes en roches dures que le vent a usées pour créer ces formes pointues.

Australie, Océanie

# En Bolivie, de la glace en plein désert !

Ces dents toutes blanches et bien pointues sont des congères : de la neige durcie et entassée petit à petit par le vent. Rien d'étonnant, car ce plateau désertique du Sud Lipez se trouve à 3 900 mètres d'altitude et bénéficie d'un climat sec et froid (jusqu'à – 30 °C). En hiver (de juin à août dans l'hémisphère Sud), il y a très souvent des chutes de neige et des vents réguliers pouvant atteindre 60 km/h.

Bolivie, Amérique du Sud

# Crater Lake

## est un lac situé à **2 000** mètres d'altitude.

Ce lac aux rives enneigées
et à l'eau si bleue n'est pas au bout
du monde ou sur la Lune.
Il se trouve dans le parc national
de l'Oregon, aux États-Unis.
Il s'est formé après l'explosion,
sous l'effet d'une éruption
volcanique il y a 2 000 ans,
de la partie supérieure d'un
énorme volcan qui devait
culminer à plus de 4 300 mètres.
Il fait 700 mètres de profondeur
et son diamètre est si large que
la ville de Paris pourrait y tenir !

États-Unis, Amérique du Nord

# La Vilaine,
## la rivière
## aux tentacules !

Comme une pieuvre, la Vilaine,
longue de 225 km, déploie ses
bras. Ce fleuve de Bretagne,
qui se jette dans l'Atlantique,
provoque souvent des inondations.
Il pleut en effet beaucoup
dans cette région, et le sol,
peu perméable, ne parvient pas
à absorber toute l'eau. Cela creuse,
petit à petit, des zones humides
telles que des marais, des vasières
ou des prés-salés, ces pâturages
voisins de la mer régulièrement
submergés par les eaux.

France, Europe

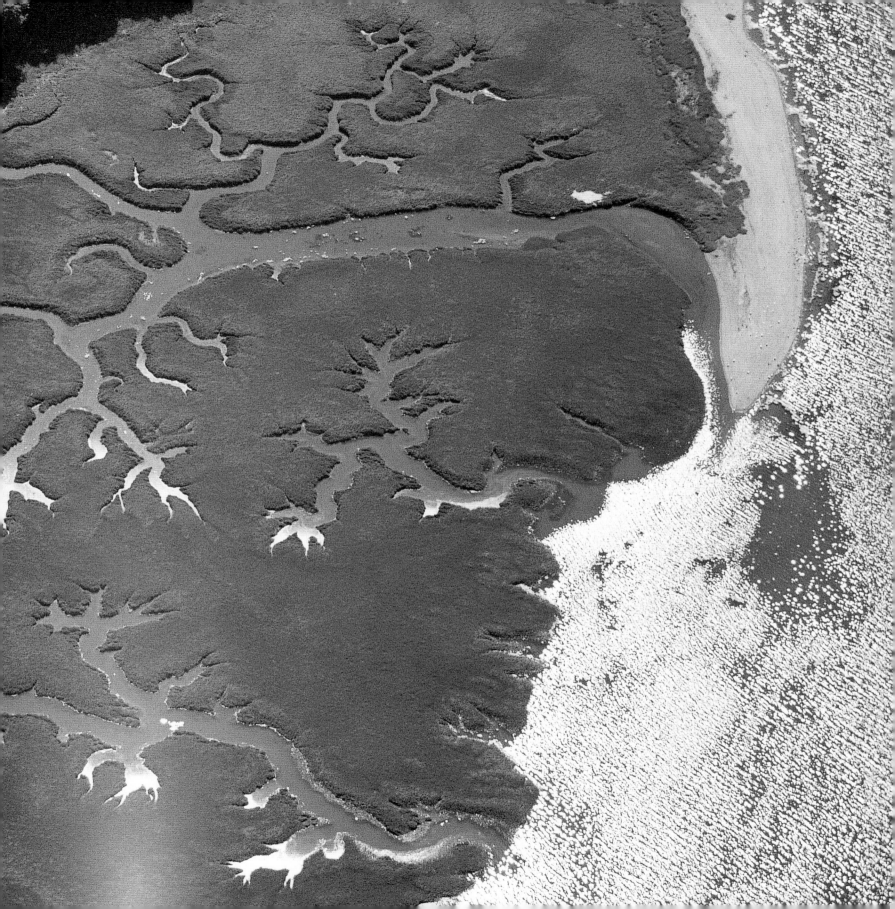

# Le Salto Angel

**est la plus haute chute d'eau du monde !**

Cette spectaculaire cascade est tellement haute que l'on n'en voit même pas l'extrémité ! Elle laisse tomber les eaux de la rivière Merú d'une hauteur de presque 1 000 mètres (la taille de 200 girafes) dans un gigantesque éclaboussement. 20 fois plus haut que les chutes du Niagara, le Salto Angel porte le nom de l'aviateur qui l'a découvert en 1935, au cœur de la jungle du Venezuela.

Venezuela, Amérique du Sud

# Ces cheminées de fées

ressemblent à des tours coiffées de chapeaux.

Situées en Cappadoce, en Turquie, ces monumentales aiguilles de pierre peuvent atteindre 30 mètres de haut (un immeuble de 8 étages !). Il y a 3 millions d'années, le plateau sur lequel elles se trouvent a été recouvert de laves et de cendres, issues des éruptions volcaniques. Le vent et l'eau ont usé le sol, sculptant par endroits ces colonnes couronnées, qui créent ce décor si particulier. On les appelle aussi les "demoiselles coiffées".

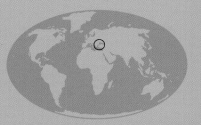

Turquie, Europe

# Le figuier-étrangleur,
## le serial killer des forêts !

On dirait une bête à cornes aux longs poils, sortie tout droit d'un film fantastique. Ce n'est pourtant qu'un arbre des forêts tropicales qui a la particularité de s'attaquer à ses voisins. Ses graines, déposées par les oiseaux, germent sur les branches des autres arbres. Ce féroce végétal grandit alors dans leur tronc et s'en nourrit. Puis, il développe des racines aériennes vers le bas qui grossissent et s'enroulent autour de la victime qui finira par mourir étranglée.

Australie, Océanie

# Ce volcan a provoqué une des plus violentes éruptions de tous les temps !

Après plus d'un siècle d'inactivité, une partie du mont Saint Helens, un volcan des États-Unis, a explosé en 1980, propulsant des millions de tonnes de roches sur la région et provoquant des vents de plus de 1 120 km/h (la vitesse d'un avion). Un énorme nuage de cendres de 18 km de haut s'est alors élevé au-dessus du volcan. En quelques secondes, des avalanches de débris et des coulées de boue ont ravagé la nature, transformant le paysage.

États-Unis, Amérique du Nord

29

# Le slot canyon, la crevasse aux draperies de couleurs !

Située aux États-Unis, dans l'Arizona, cette gorge de grès, étroite et tortueuse, découpée par l'eau et le vent, est une vraie galerie d'art ! Haute de 15 mètres et longue de 400 mètres, elle est éclairée par quelques rayons de soleil. La lumière rebondit sur les parois qui reflètent une multitude de couleurs or, orangées, rouges, grises, blanches ou violettes...

États-Unis, Amérique du Nord

# Les bédières

## des glaciers, des puits bleus et profonds.

C'est parce que l'eau ne coule plus dans cette crevasse que ce spéléologue peut l'explorer. La fonte de la glace et les ruissellements que cela entraîne creusent la surface des glaciers pour donner naissance à des ruisseaux appelés bédières. Leur taille varie du simple filet d'eau à la rivière. L'eau s'écoule ensuite à l'intérieur du glacier par des puits qui peuvent devenir très larges et très profonds si la fonte est importante. L'eau de glace fondue s'est tant de fois congelée qu'elle en est devenue bleue.

Groenland, Amérique du Nord

# La source du **Grand Prismatic**, une piscine géante d'eau chaude.

Vue du ciel, cette étendue d'eau paraît tellement grande que les hommes sur la passerelle au bord du bassin ressemblent à des fourmis ! Elle pourrait contenir au moins 20 piscines. L'eau est brûlante grâce à la chaleur de l'activité volcanique de la région. Des algues microscopiques créent ces magnifiques couleurs qui changent en fonction de la température de l'eau. Située dans le parc national de Yellowstone, c'est la plus grande source d'eau chaude des États-Unis.

États-Unis, Amérique du Nord

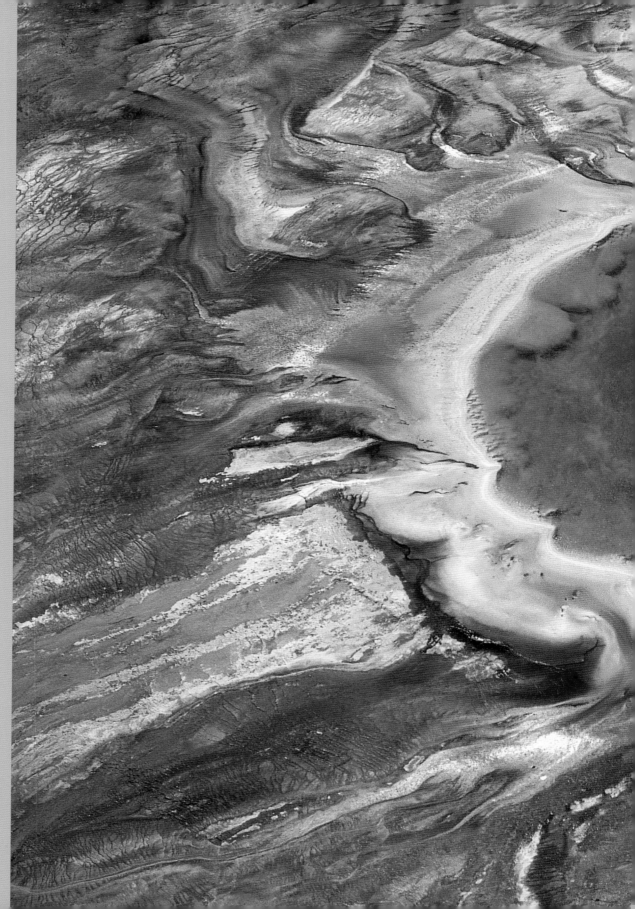

# Le désert du Sahara

## est le plus grand désert du monde.

Cette vaste étendue de dunes orangées bordées de montagnes fait partie du Sahara, désert qui s'étend à l'infini. C'est une zone très sèche du Niger dont la superficie correspond à celle de la France et de l'Allemagne réunies ! Aucune végétation n'y pousse, excepté quelques buissons, car il ne pleut presque jamais et les températures varient beaucoup entre les journées torrides (40 °C) et les nuits fraîches (10 °C). Seuls y vivent les Touaregs, des nomades éleveurs de chameaux et de chèvres.

Niger, Afrique

# Les rochers du désert Blanc,

## des meringues de calcaire.

Un aigle majestueux s'est posé à côté d'un champignon de craie. Ces figures surprenantes au milieu d'un des plus beaux déserts d'Égypte, sont l'œuvre d'un mystérieux sculpteur : le vent chargé de sable ! Des milliers de rochers ainsi érodés composent un paysage lunaire qui devient magique lorsque le soleil couchant illumine les rochers de craie et que la nuit semble les rendre phosphorescents.

Égypte, Afrique

# Les chutes d'eau d'Islande

sont les plus puissantes d'Europe !

L'Islande possède plus d'une dizaine de chutes d'eau plus spectaculaires les unes que les autres. Dans un bruit fracassant et de gros remous, elles se jettent de hauteurs pouvant atteindre jusqu'à 122 mètres. Elles sont alimentées par de grandes quantités d'eau provenant des fortes pluies et de la fonte des glaciers, très nombreux dans ce pays du nord de l'Europe.

Islande, Europe

# DANS **la forêt vierge,** certains arbres ont des racines en rubans.

Ces contreforts se développent chez de nombreuses variétés d'arbres. Comme des crêtes ou des lames de bois à la base du tronc, ces racines leur permettent ainsi d'augmenter leur stabilité. Elles leur servent aussi à aller chercher leur nourriture sur une surface très étendue car, en profondeur, le sol n'offre pas beaucoup d'éléments nutritifs essentiels à leur croissance.

Australie, Océanie

# Il est impossible de se baigner dans le **lac Voui.**

Situé sur l'île d'Aoba, dans l'archipel du Vanuatu, ce beau lac de cratère du volcan Lombenden à l'eau turquoise n'est pas un lac comme les autres : son eau est tellement chaude et acide qu'elle rongerait la peau en un clin d'œil si on y plongeait le doigt. Seuls les chercheurs et les scientifiques se risquent à naviguer dessus pour l'étudier.

Archipel Vanuatu, Océanie

# Les vagues,
## des murs d'eau parfois aussi hauts que 20 hommes !

La taille d'une vague dépend de la force du vent, de sa durée et de l'étendue d'eau sur laquelle il souffle. Quand la courbure de la vague est très importante, celle-ci déferle sur le rivage en produisant de l'écume, une mousse blanche appelée aussi moutons. Certaines vagues, les raz de marée ou tsunamis, sont provoquées par un tremblement de terre sous-marin. Elles se propagent sous l'eau à plus de 700 km/h (2 fois plus vite qu'une voiture de Formule 1) et ravagent tout sur leur passage.

Océan Pacifique, Amérique du Nord

En Australie, les
# Remarkable Rocks
ressemblent à des bêtes étranges !

Têtes de vautours, crocs gigantesques, crânes de squelettes, animaux fantastiques... Les rochers de l'Île aux Kangourous, dans le Sud australien, se sont métamorphosés sous l'action du vent et de la mer. Ils peuvent atteindre la hauteur d'un immeuble de 3 étages. Ces blocs de granit aux formes bizarres portent bien leur nom, "Les Rochers remarquables" : impossible, en effet, de se promener sans les voir !

Australie, Océanie

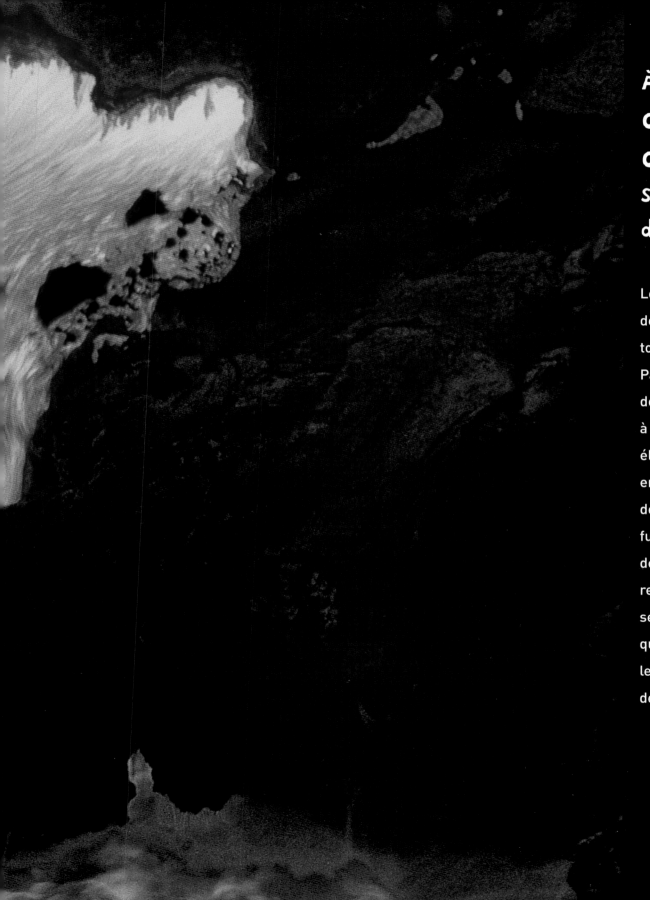

# À Hawaï, des rivières de lave se jettent dans la mer.

Le spectacle est fascinant :
des coulées de lave bouillonnante
tombent en cascades dans l'océan
Pacifique. La lave remonte
des failles du volcan Kilauea
à une température extrêmement
élevée (plus de 1 000 °C). Elle entr
ensuite en contact avec l'eau,
dégageant de gros nuages de
fumée et entraînant parfois
des explosions violentes. En
refroidissant, elle devient noire et
se brise en minuscules morceaux
qui, petit à petit, se déposent sur
le rivage et forment des plages
de sable noir.

Hawaï, Amérique du No

# Les Carlsbad Caverns,
## es grottes apissées 'aiguilles.

u Nouveau-Mexique, certaines vernes creusées par des fleuves outerrains ressemblent à de vrais écors de théâtre. Du plafond mbent de fines stalactites et de rosses stalagmites s'élèvent du ol. Stalactites et stalagmites ont nées de l'infiltration de l'eau e pluie dans la roche. Quand les se rejoignent, elles forment he colonne.

États-Unis, Amérique du Nord

# Le nénuphar d'Amazonie

## est le plus grand nénuphar du monde !

Ses feuilles en forme d'immenses moules à tarte sont tellement larges (jusqu'à 2 mètres de diamètre) et solides qu'un enfant peut s'asseoir dessus ! Malgré sa taille, la feuille ne coule pas pour deux raisons : d'une part, la tige est attachée non pas au bord mais au centre de la feuille, et d'autre part, de volumineuses nervures, sous la feuille, sont remplies d'air. Ses grosses fleurs, blanches, roses ou rouges, ne s'ouvrent que deux nuits d'affilée puis se fanent.

Ile Maurice, Afrique

54

# L'arbre de JOSUÉ,
## un hérisson géant dans le désert !

Pouvant atteindre 9 mètres de haut, l'arbre de Josué possède de longues branches couvertes de feuilles très piquantes qui protègent ses fruits. C'est un dur à cuire : il supporte de longues sécheresses ; ses graines peuvent rester plusieurs années dans le sol en attendant la pluie pour germer ; et son écorce résiste très bien au feu. Il pousse dans le désert Mojave, aux États-Unis, non loin de la Vallée de la Mort.

États-Unis, Amérique du Nord

# Les comètes,
## des boules de glace à la chevelure d'argent.

Connues depuis l'Antiquité,
les comètes sont des astres du
système solaire pouvant atteindre
des millions de kilomètres de long.
Lorsqu'elles se rapprochent du
Soleil, les glaces qui composent
leur noyau fondent, libérant gaz et
poussières pour former une sorte
de chevelure qui reflète la lumière
solaire. Observée le 25 mars 1996,
au moment où elle était le plus
près de la Terre, la comète
Hyakutake porte le nom de
l'astronome japonais qui l'a
découverte.

Australie, Océanie

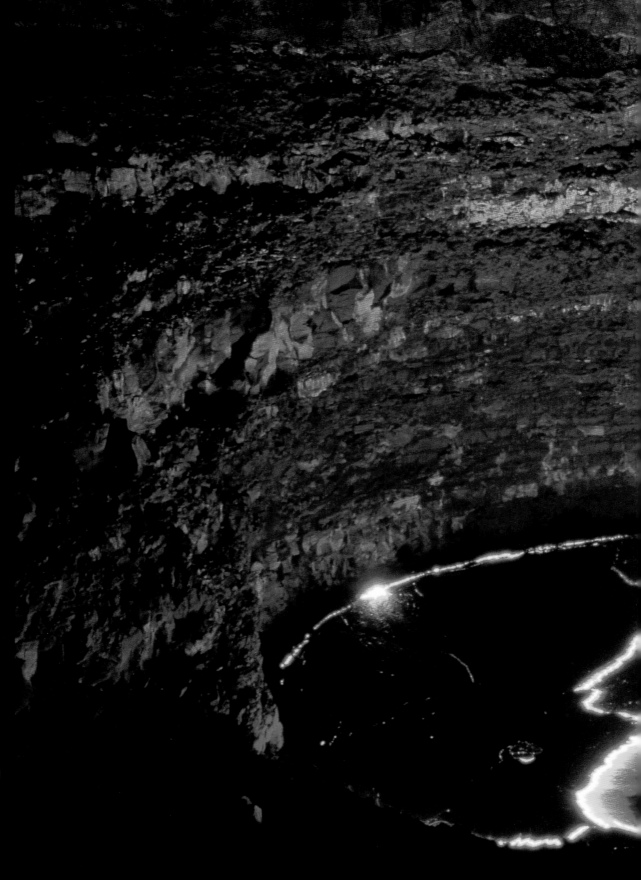

# Le lac de lave de l'**Erta Alé**, un chaudron bouillonnant !

Ce volcan d'Éthiopie, très difficile d'accès, offre un spectacle nocturne diabolique ! Des lueurs rouges et jaunes révèlent la présence de lave au fond du cratère en forme de puits. Étudié pour la première fois par le volcanologue français Haroun Tazieff en 1968, c'est l'un des seuls volcans en activité à avoir un lac de lave permanent. Les parois toutes droites et très fragiles descendent jusqu'à 90 mètres de profondeur. Il arrive parfois, lorsque la lave est en fusion, que le cratère trop rempli, déborde.

Éthiopie, Afrique

# Certains orages produisent une pluie d'éclairs.

Mesurant entre 100 mètres et 20 km, les éclairs se déplacent à une vitesse inimaginable (40 000 km/s soit le tour de la Terre en une seconde). Ces lumières, souvent accompagnées de coups de tonnerre, correspondent à une décharge électrique, la foudre, entre le sol et un nuage ou entre deux nuages. Comme de la dynamite, la foudre peut abattre un arbre gigantesque ou projeter des personnes en l'air. Il se produit une centaine d'éclairs par seconde à travers le monde !

États-Unis, Amérique du Nord

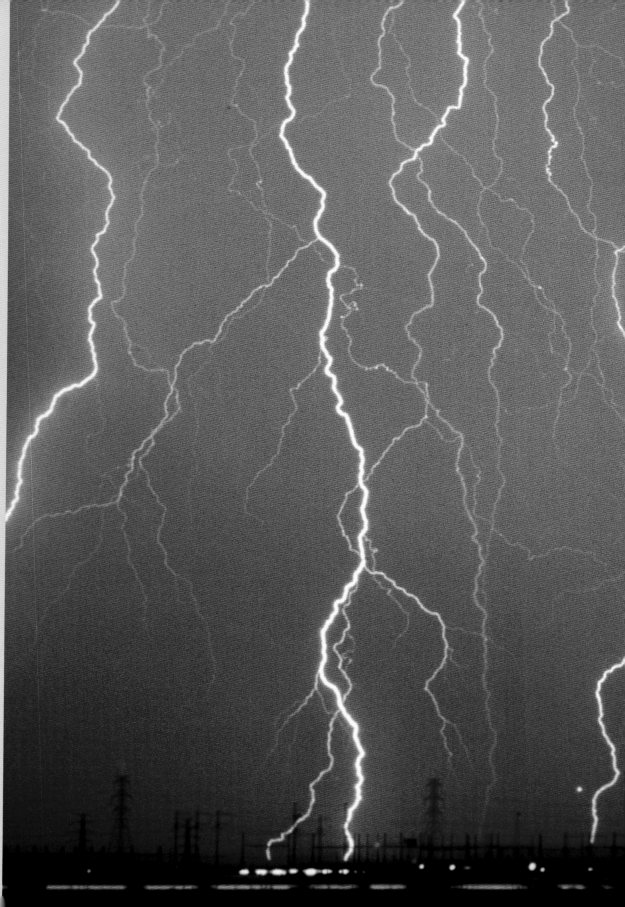

# En fondant, les icebergs de l'Arctique prennent de drôles de formes !

Cet iceberg qui ressemble à une table géante de salle à manger est en train de fondre. Sous l'effet des remous de la mer et de l'augmentation progressive de la température de l'eau, les icebergs des glaciers du pôle Nord, partis à la dérive, se creusent petit à petit, prennent des formes bizarres, et sont déséquilibrés peu à peu. Ils basculent alors sur eux-mêmes et disparaissent progressivement dans la mer.

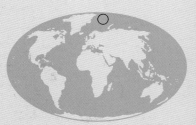

Océan Arctique

# Le pays des Afars,
## un paysage lunaire.

Près de la mer Rouge, le pays
des Afars, du nom d'un peuple
d'Éthiopie, est une région très
volcanique. Des milliers d'édifices
de pierre, dont certains atteignent
plus de 50 mètres de hauteur,
se dressent sur une terre
desséchée, résultat d'une mer
évaporée. C'est dans cette région
qu'a été découvert, en 1974,
un squelette de femme datant
de 3 millions d'années, auquel
on a donné le nom de Lucy.

Éthiopie, Afrique

# Certaines **tornades** peuvent arracher des maisons !

Tempêtes aux vents violents qui se produisent quand de l'air chaud rencontre de l'air froid, les tornades tourbillonnent parfois jusqu'à 500 km/h (2 fois la vitesse du TGV). Elles se déplacent en faisant d'énormes dégâts : les arbres sont déracinés, les trains et les bateaux sont soulevés et les piétons s'envolent ! Accompagnées d'orages et parfois de pluie, elles ont lieu surtout entre avril et septembre et durent de quelques minutes à quelques heures. Aux États-Unis, il y a plus de 1 000 tornades par an.

États-Unis, Amérique du Nord

# Le genévrier,
## un arbre au corps de sorcière !

L'immense chevelure de branches et le tronc tortueux de ce genévrier sont le résultat de conditions climatiques très difficiles, caractéristiques des zones désertiques : froid, sécheresse, vent. Ce conifère, que l'on trouve surtout en altitude, fait partie du paysage espagnol depuis des milliers d'années. Il est capable de vivre sur des sols très durs car ses racines longues et résistantes lui permettent de puiser de l'eau en profondeur dans les nappes souterraines.

Espagne, Europe

# En Éthiopie, les sources d'eau chaude font dégouliner les rochers !

Ces collines débordant de liquides jaune, blanc et vert sont des sources d'eau chaudes, résultat de l'activité volcanique de la région du Danakil. Le calcaire contenu dans l'eau se dissout à une température élevée et remonte à la surface. Les dépôts s'accumulent et forment des pitons de 10 à 20 mètres de haut d'où s'échappent des eaux bouillonnantes et fumantes. Les couleurs sont dues à la présence de bactéries qui se développent avec la chaleur.

Éthiopie, Afrique

# À Terre-Neuve, des icebergs du pôle Nord finissent leur voyage.

Le pêcheur regarde passer ces icebergs comme on regarde passer un train. Chaque année, ils sont environ 400 à s'échouer à Terre-Neuve, au Canada, avant de fondre. Ces gros blocs aux formes biscornues sont des morceaux de glaciers du Groenland qui dérivent, entraînés par les courants. Parfois dissimulés dans la brume, ils peuvent être dangereux pour la pêche et la navigation. C'est après avoir percuté un iceberg que le célèbre "Titanic" coula en 1912.

Canada, Amérique du Nord

75

# Ce radeau à la dérive est **une île** perdue au milieu de l'océan Atlantique.

Aux Bahamas, au nord des Grandes Antilles, se trouvent des centaines de bouts de terre minuscules. Cette région de barrières de corail et de très longs bancs de sable pourrait presque être traversée à pied car l'eau n'est pas très profonde, sauf à certains endroits appelés "trous bleus". 700 îles et 2 500 îlots forment cet archipel de 1 200 km de long (la distance entre le nord et le sud de la France) dont une vingtaine sont habités en permanence.

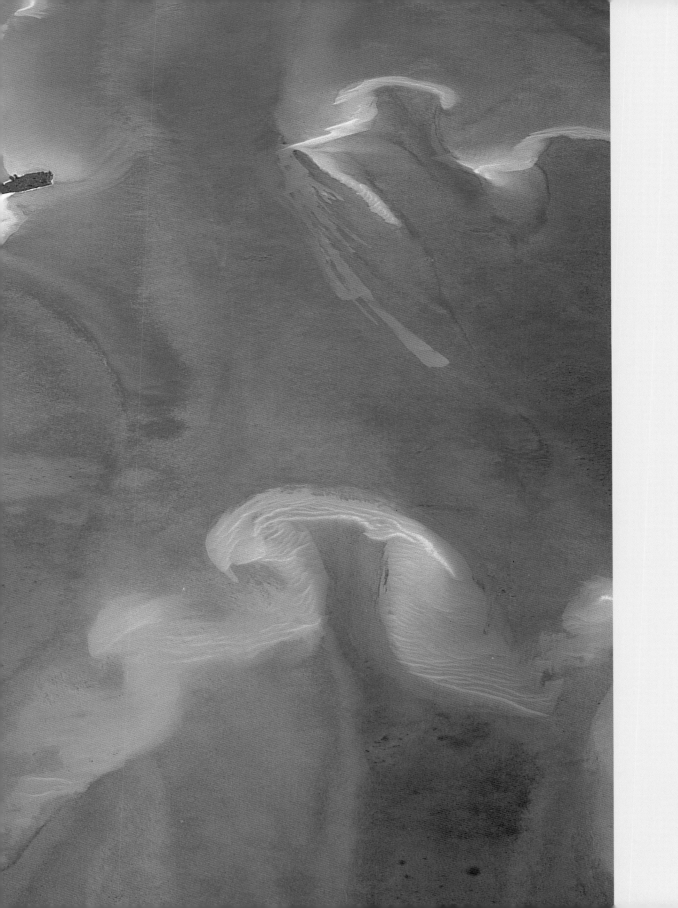

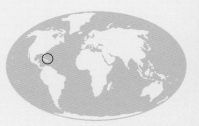

Bahamas, Amérique du Nord

# Les racines d'arbres de **la mangrove,** un vrai tapis de fakir !

Ces stalagmites sous-marines peuvent atteindre la hauteur d'une bouteille d'eau. Aux endroits vaseux des bords de mer, à marée basse quand l'eau se retire, elles forment un champ d'aiguilles. C'est là, dans les pays tropicaux, que pousse la mangrove, une forêt essentiellement constituée d'arbres appelés palétuviers qui s'ancrent dans la vase grâce à leurs racines. Certaines remontent à la surface comme des tubas pour permettre à la plante de respirer l'oxygène contenu dans l'air.

Mozambique, Afrique

# Le fond de la mer Rouge, un parterre de **coraux** aux couleurs fluorescentes.

Ces petites branches colorées ressemblent fortement à des fleurs. Ce sont pourtant des animaux marins qui vivent en colonies. Ils ont un squelette mou et des tentacules qui servent d'abri à de nombreux bancs de poissons. La nuit, les tentacules se déplient, capturent animaux et végétaux microscopiques, le plancton, et les amènent vers l'orifice qui leur sert à la fois de bouche et d'anus. Comme les méduses, ils piquent leurs proies pour les paralyser.

Mer Rouge, Afrique

En Antarctique,
**les blocs
de glace**
changent d'aspect
tous les jours.

Est-ce un chien qui court,
un dinosaure marchant sur l'eau
ou tout autre animal fabuleux ?
Au pôle Sud, la différence de
température entre le jour
et la nuit sculpte naturellement
la glace en faisant éclater
des fragments par endroits.
La glace prend ainsi des figures
étonnantes qui ne sont
qu'éphémères et se transforment
à nouveau.

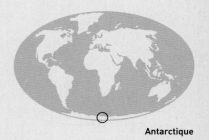

Antarctique

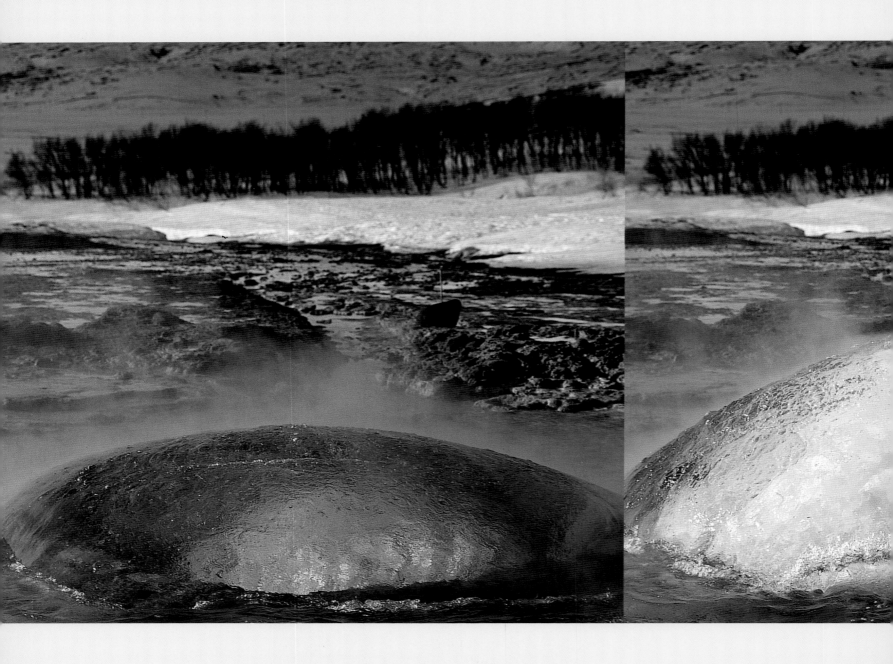

Islande, Europe

Les jets des **geysers d'Islande** peuvent atteindre 100 mètres de haut !

Signifiant "jaillisseur" en islandais, le geyser est une source d'eau chaude d'origine volcanique qui surgit régulièrement du sol.

Une énorme bulle d'eau part du trou et gonfle comme un gâteau qui cuit. Puis elle éclate d'un coup et jaillit subitement

en une colonne qui s'élève et retombe sur une terre recouverte de glace. On trouve de nombreux petits geysers en Islande.

Certains d'entre eux ont des éruptions toutes les trois heures.

# Aux États-Unis, les Vermilion cliffs ont des airs de glaces à la fraise !

On aurait presque envie de les manger ! C'est dans une des zones désertiques de l'Arizona que se trouvent ces roches de grès rose, aux formes surprenantes, usées par le vent. Les fines bandes jaunes, orange ou rouges qui les décorent sont dues aux nombreux minerais présents dans le sol. Ainsi, selon la lumière, la roche offre aux regards des promeneurs une palette de couleurs qui varie tout au long de la journée.

États-Unis, Amérique du Nord

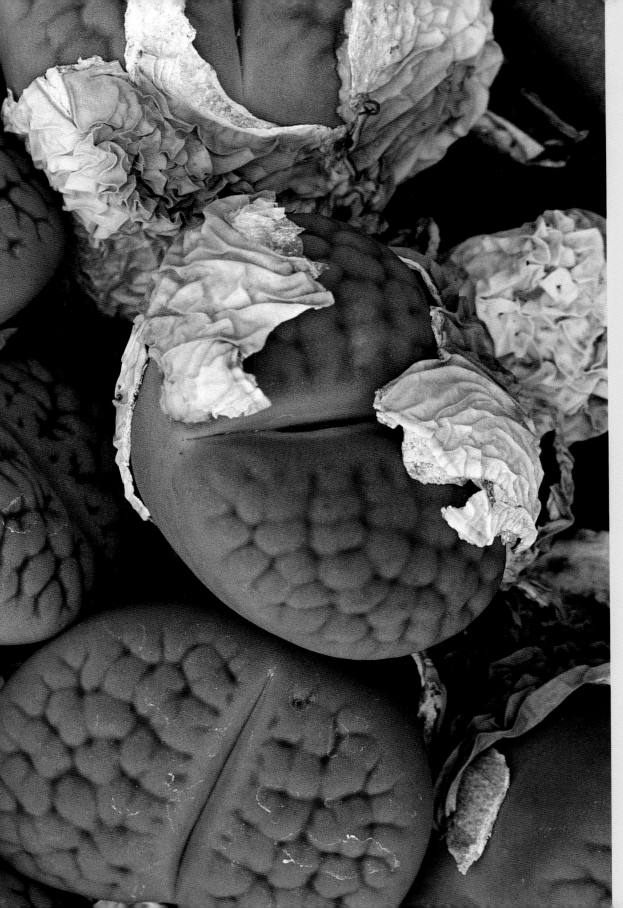

# Le lithops,
## la plante caméléon !

Ces drôles de pastilles ne sont pas des petites cervelles, mais des lithops, des plantes qui vivent dans des zones désertiques. Les deux parties rondes qui les composent sont en fait des feuilles gorgées d'eau qui leur permettent de résister à la sécheresse. La fente, au centre, permet le passage de la fleur qui peut être blanche ou orangée. Les parties jaunes sont d'anciennes feuilles desséchées. On surnomme le lithop "plante-caillou" car, pour se protéger des prédateurs, elle se fond dans le paysage en prenant les couleurs des pierres qui l'entourent.

Afrique du Sud, Afrique

# Au canada, les Balanced Rocks tiennent tout seuls en équilibre !

Cette curiosité défie les lois de la physique ! La colonne de pierre a été érodée de chaque côté, excepté sur une toute petite partie qui supporte l'ensemble du pilier. La roche est faite de lave, datant de l'âge des dinosaures, durcie puis usée par l'eau. Comment ce rocher peut-il tenir en équilibre ? Cela reste un mystère de la nature que l'on peut cependant observer dans beaucoup d'autres pays du monde.

Canada, Amérique du Nord

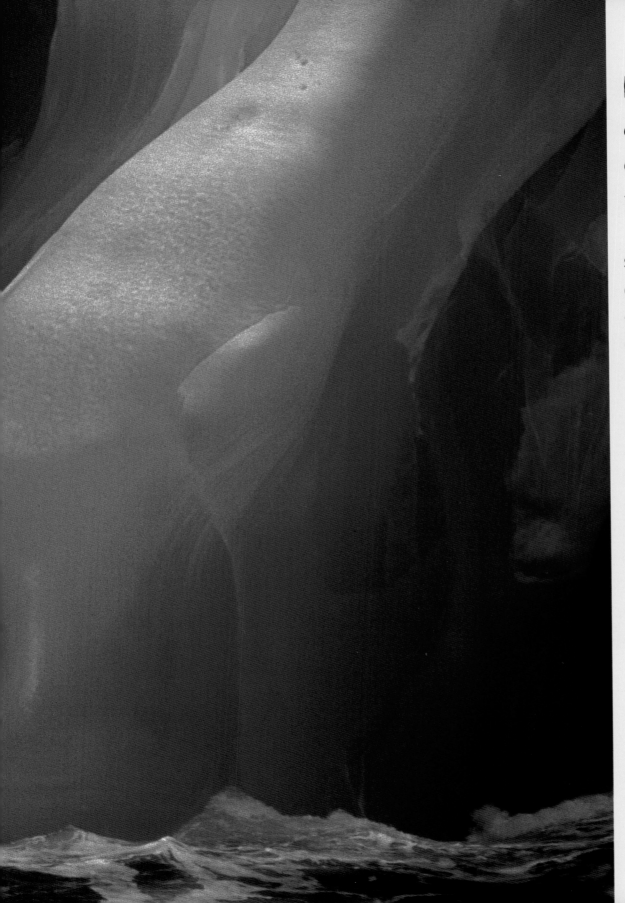

# Les icebergs de l'Antarctique, des montagnes à la dérive.

Sur la mer de Weddell, au-delà du cercle polaire antarctique, ces gros blocs de glace détachés des glaciers ont des dimensions époustouflantes. En réalité, ils sont encore beaucoup plus grands, puisque la partie la plus importante des icebergs est invisible et se trouve sous l'eau. Ils mesurent en moyenne 550 mètres de haut (5 terrains de football) et la glace est parfois si épaisse que la lumière a du mal à passer au travers. Ils peuvent mettre 10 ans pour fondre.

Mer de Weddell, Antarctique

# The Wave,
## la vague de pierre des États-Unis.

Avec ses allures de circuit automobile, cette vague de pierre, bien que de petite taille, est l'attraction de cette zone désertique de l'État de l'Utah. C'est une dune de sable transformée en roche par l'eau et sculptée en tourbillons par le vent. Elle est très préservée puisque seules 10 personnes par jour, ayant réservé 6 mois à l'avance, sont autorisées à s'y rendre. Malgré cela, les visiteurs ne sont même pas sûrs de la voir car elle est très difficile à trouver...

États-Unis, Amérique du Nord

**CRÉDITS PHOTOGRAPHIQUES :**

**BIOS :** P. 2 : Vanbaelinghem T. – P. 56/57 ; couverture : Wilstie / Arnold P. – P. 70/71 :
Munoz J.-C. – P. 82/32 : Bour J.-M. – P. 86/87 : Suchel F.

**COSMOS :** P. 28/29 : Weintraub D. / Photo Researcher – P. 34/35 : Steinmetz – P. 46/47 : Brown
R. / International Stock – P. 50/51 : Edmaier B. / S.P.L. – P. 52/53 : Ehlers C. / International S.T. P.
– P. 58/59 : Garrad G. / S.P.L. – P. 62/63 : Faidley W. / International Stock – P. 68/69 : Faidley
W. / International Stock – P. 74/75 : Ludwig G. / Visum – P. 76/77 : Edmaier B. / S.P.L.

**GETTY IMAGES :** P. 10/11 : Wakefield P. – P. 48/49 : Smith R.

**GRANDEUR NATURE :** P. 54/55 : Grive L.

**HÉMISPHERES :** P. 90/91 : Heeb C. – P. 94/95 : Heeb C.

**HOA-QUI :** P. 8/9 : Vaisse C. – P. 22/23 : Sampers E. – P. 32/33 : Bourseiller Ph. –
P. 36/37 : Joubert J.-D. – P. 38/39 : Sappa C. – P. 44/45 : Bourseiller Ph. – P. 66/67 :
Bourseiller / Durieux – P. 78/79 : Rosenfeld A.

**HORIZON FEATURES :** P. 88/89 : Viard M.

**JACANA :** P. 4/5 : Jouan/Rius – P. 92/93 : Wisniewski W.

**PHO.N.E :** P. 16/17 : Jardel C. – P. 18/19 : Gohier F. – P. 80/81 : Brandelet D.

**SUNSET :** P. 6/7 : Lacz G. – P. 20/21 : Benard E. – P. 24/25 : Canal S. – P. 30/31 :
Warden J. – P. 42/43 : Photo Ant – P. 64/65 : F.L.P.A

**O. GRUNEWALD :** P. 12/13 – P. 14/15 – P.26/27 – P. 40/41 – P. 60/61 – P. 72/73 ;
4ᵉ de couverture – P. 84/85

**ONT PARTICIPÉ À LA RÉALISATION DE CET OUVRAGE :**
A. Blanquet, G. Chevallier, B. Ferrier, L. Quellet, A. Collin,
A. Elfassi, L. Maj, P. Blanc, C. Boulud, A. Pichlak, B. Legendre,
L. Bouton, C. Despine, Key Graphic

© ÉDITIONS PLAY BAC, 2003
33, RUE DU PETIT-MUSC. 75004 PARIS
www.playbac.fr

ISBN : 2-84203-564-X
Loi n° 49956 du 16 juillet 1949
sur les publications destinées à la jeunesse.
Dépôt légal : octobre 2003. 07/05
Imprimé en Espagne par SYL.

Toute représentation ou reproduction intégrale ou partielle faite sans le consentement
de l'auteur ou de ses ayants droit ou ayants cause est illicite (Article L122-4 du Code
de la propriété intellectuelle). Cette représentation ou reproduction, par quelque
procédé que ce soit, constituerait une contrefaçon sanctionnée par les articles L335-2
et suivants du Code de la propriété intellectuelle.